Ib 49.843.

RÉFLEXIONS

SUR LES ÉLECTIONS

DU

DÉPARTEMENT DE LA CHARENTE,

EN 1827.

PAR UN ÉLECTEUR DE L'ARRONDISSEMENT
D'ANGOULÊME.

Paris,

IMPRIMERIE DE GUIRAUDET,
RUE SAINT-HONORÉ, Nº 315.

1828.

RÉFLEXIONS

SUR LES ÉLECTIONS

DU

DÉPARTEMENT DE LA CHARENTE,

EN 1827,

PAR UN ÉLECTEUR DE L'ARRONDISSEMENT
D'ANGOULÈME.

Lutter avec constance contre les obstacles que l'autorité s'empressait d'apporter à l'inscription des citoyens sur la liste du jury était, il y a quelque mois, le devoir de tous ceux qui prévoyaient le sort réservé à la patrie, si de nouvelles élections venaient à enfanter pour le ministère une majorité obéissante. Mais aujourd'hui que les destins sont accomplis, que l'urne indocile, au lieu de produire ces noms obscurs si chers à l'administration déchue, va rouvrir la tribune nationale aux grands talents qui l'ont illustrée, il ne reste plus qu'à raconter les manœuvres, les déceptions et les fraudes du pouvoir et de ses agents.

Sans doute, ceux qui ont consenti à se couvrir pendant les élections d'une souillure indélébile ne peuvent plus conserver l'autorité. Quels actes, quelles mesures, feraient oublier aux citoyens la conduite violente ou honteuse des fonctionnaires préposés à la formation des listes? On ne voudrait pas du bien qu'ils seraient chargés de faire. Instruments de l'arbitraire, ils doivent être brisés dès que le règne de la légalité commence.

Ce n'est donc pas pour exciter des vengeances contre ces hommes qui ont tourmenté les listes sans la moindre pudeur que nous entreprenons la tâche dégoûtante de rappeler tout ce qu'ils ont osé, mais seulement afin que l'autorité législative prenne des mesures qui puissent enlever aux fonctionnaires cette faculté du mal dont ils ont trop usé, et empêcher le retour de ces abus intolérables.

Nous ferons connaître aux Chambres et à la France comment les lois sur les élections sont entendues et commentées par le préfet du département de la Charente. On apprendra quel eût été le résultat des manœuvres de l'autorité, si des hommes recommandables par leur fermeté ne s'étaient constitués les mandataires de leurs concitoyens, et n'avaient revendiqué pour ceux-ci les droits qu'on s'efforçait de leur ravir.

M. de Montleau, député nommé par le collége de département, venait de donner sa démission. M. le marquis de Guer, notre préfet, en fut vivement affecté : il sommeillait doucement sur ses palmes de 1824; sa gloire administrative datait de cette époque, et nulle tache dans l'intervalle n'en avait obscurci l'éclat.

Le succès de ces dernières élections avait été si com=
plet, les manœuvres si hardiment exécutées, on avait
su allier avec tant d'art la violence et la ruse, on avait
mis tant de bonne grâce à se plonger dans le bourbier
des iniquités, que nous ne savions vraiment ce qu'il
fallait le plus admirer, de l'audace ou de la perfidie des
mesures. Désormais M. de Guer passa pour un très
bon préfet, surtout très dévoué; son aptitude aux affai-
res, long-temps douteuse, s'était révélée par des con-
ceptions profondes; le ministère en tressaillit de joie,
et M. Gaudiche * se plut à embellir d'une rosette le
simple ruban du préfet légionnaire. Sûr d'un aussi puis-
sant protecteur, M. le marquis de Guer n'aspira plus
qu'au repos, besoin impérieux pour un préfet compatriote de M. de Corbière. Aussi, avec quelle molle in-
dolence l'administration se traîna d'année en année,
jusqu'au mois de juillet 1827. Les conseils de département venaient seuls agiter cette existence léthargique;
mais nos représentants ne font pas grand bruit : dans
leurs sessions ils votent en silence quelques centaines
de mille francs au profit des séminaires et de l'épisco-
pat, sans trop s'occuper des murmures de ceux qui doivent les payer.

Au milieu de ses doux loisirs, quelle fut la conster-
nation de M. le préfet lòrsqu'il apprit qu'une élection
anté-septennale allait prématurément l'exposer à de
nouvelles tribulations? Rien n'était prêt pour entrer

(1) Chef de division du personnel au ministère de l'intérieur.

en campagne contre une opinion qui, toujours dans l'attente des hostilités, n'avait pas un seul moment quitté les armes. M. de Guer avait imprudemment rompu une ancienne alliance à laquelle il devait ses succès de 1824; et l'auxiliaire, redoutable autant par sa neutralité que par sa défection, révélait indiscrètement la faiblesse du parti ministériel. On dit alors que des négociations furent entamées avec M. de Montleau pour le faire renoncer au projet de donner sa démission; on parla même d'une offre avilissante...... Vaine démarche : le député fut inébranlable, et les séduisantes propositions du préfet furent rejetées.

Bientôt il fallut s'occuper de la composition des listes. En 1824, deux moyens tranchants donnèrent à l'autorité des députés selon son cœur. Ces deux moyens, les voici : inscription de personnes dévouées ne payant pas le cens, retranchement arbitraire des électeurs indépendants par leur caractère ou leur position. A ces deux moyens on pourrait en ajouter un troisième non moins efficace, c'est-à-dire les menaçantes circulaires, les allocutions véhémentes aux salariés, afin de leur prouver que la conscience est un crime punissable de la destitution. Ces moyens vinrent saisir la pensée de M. le marquis de Guer; mais que les temps étaient changés! Le remords parlait à l'âme des conseillers sous les coups desquels les listes étaient tombées naguère horriblement mutilées; ils refusaient leur participation à toute mesure arbitraire. D'un autre côté la matière électorale commençait à manquer; peu d'hommes consentaient à courir les risques d'une usurpation de qualité qui les aurait rendus justiciables de la police correctionnelle; enfin le courage civil avait fait d'immenses progrès; les destitutions ne causaient plus d'effroi aux percepteurs et aux maires des communes; quelques uns même aspiraient au martyre de l'indépendance. Déjà des écrits circulaient dans tous les cantons, sonnant le réveil des citoyens; des jeunes gens s'offraient comme intermédiaires pour faciliter aux électeurs éloignés le dépôt de leurs pièces. L'œuvre de 1824 devenait plus difficile en 1827; mais la difficulté enflamme les âmes généreuses. M. le marquis ne recula point devant les obstacles, et, fort de l'appui d'un membre de son conseil, fidèle aux traditions de la fraude, il marcha bravement dans les voies tortueuses qui l'avaient autrefois conduit au triomphe.

Les listes furent affichées, précédées d'un avis annonçant qu'elles n'étaient que provisoires; que l'inscription *d'office* ne dispensait pas l'électeur de produire ses titres, et que l'administration rayerait ceux qui, dans le mois, n'auraient pas satisfait à cette obligation.

Nous ne rapporterons point ici ce qui se passa lors de la présentation des pièces que les citoyens s'empressaient de faire remettre à la préfecture, les difficultés élevées par le conseil, l'inutilité des démarches pour obtenir un récépissé des réclamations, les requêtes répondues par le président du tribunal, la correspondance de ce magistrat avec M. le préfet. La relation de tous ces faits se trouve dans la troisième lettre de M. de Salvandy au rédacteur du Journal des Débats. Mais ce qu'il importe de constater, c'est qu'au mois de juin 1827,

M. le préfet déclara qu'il ne maintiendrait sur la liste définitive que les électeurs qui auraient produit leurs titres.

Hélas! M. le préfet ne s'en tint pas à de vaines menaces, et, le 4 juillet, de nombreuses radiations furent opérées; beaucoup d'électeurs qui avaient négligé de produire virent effacer leurs noms de la liste définitive. Il n'est pas besoin d'annoncer que, parmi ceux-là, ne figurait pas un fonctionnaire public, pas une créature des ministres, pas un partisan du système honteux et décevant qui menaçait à la fois et la sûreté du trône et l'existence de nos libertés.

De l'avis du préfet, publié au mois de juin, et de l'arrêté de clôture de la liste, résultait nécessairement la preuve que tous les électeurs qui n'avaient pas été éliminés avaient justifié de leurs droits par la présentation de leurs titres: autrement M. le marquis de Guer aurait enfreint ses propres lois, en dispensant quelques citoyens inscrits d'office de produire des pièces justificatives; bien plus, il aurait manqué d'impartialité, car, aux termes de *son avis,* il fallait rayer tous les *non-produisants,* ou n'en rayer aucun; et le premier fonctionnaire du département n'aurait pas sans doute voulu exposer sa réputation au reproche de partialité et à l'accusation de n'avoir pas tenu la balance égale entre des citoyens qui avaient tous encouru la même peine ou qui avaient tous droit à la même faveur. Ainsi, pour l'honneur même de M. de Guer, nous dirons qu'au mois de juillet 1827 la preuve était acquise que tous les citoyens portés sur la liste définitive avaient justifié de

leurs droits. On verra quelles conséquences nous tire-
rons de cette preuve.

L'élection se présentait sous les plus riants auspices ;
le bureau provisoire avait été maintenu presque sans
résistance ; toutes les probabilités étaient en faveur du
pouvoir ; le président du collége se berçait doucement
de la pensée qu'il allait bientôt joindre le manteau de
la pairie à l'hermine de la magistrature, tandis que M. le
marquis de Guer additionnait mentalement ses revenus
particuliers et les appointements d'une préfecture de
première classe.

Ces rêves de l'ambition furent courts. Deux opinions
opposées se rapprochèrent. Notre compatriote Gellibert
légua généreusement à M. de Lalot ses soixante-dix suffrages, et cet ennemi du ministère fut proclamé député
de ce département.

Grands furent le désappointement et l'affliction du
marquis de Guer, du président et de son candidat.
L'administrateur reprochait au magistrat d'avoir nui
par sa présence et l'influence des souvenirs au succès de
l'élection ; celui-ci, au contraire, attribuait la défaite à
l'incapacité du fonctionnaire. On eût dit deux généraux
s'accusant, après une déroute, d'avoir causé le désastre
de la journée.

A peine délivré des secousses de cette terrible élection, M. le marquis de Guer dut s'occuper du travail
de la liste des jurés, en exécution de la loi du 2 mai
dernier.

Le pressentiment de la prochaine dissolution de la
Chambre des Députés rendait les citoyens plus dili-

gents; de tous côtés les pièces affluaient à la préfecture; seulement les électeurs inscrits sur la liste publiée lors de l'élection de M. de Lalot pensèrent qu'ils n'étaient tenus à aucune production : cette opinion, ils la puisaient dans un avis affiché par ordre de M. le préfet, le 6 juillet, portant « que MM. les électeurs qui ont « justifié de leurs titres lors des élections dudit mois « de juillet sont dispensés de produire de nouveaux « titres ».

Rien de plus clair que cet avertissement : aussi les citoyens portés sur les listes du mois de juillet, se voyant de nouveau figurer sur celle du 15 août, qu'il convenait à M. le préfet d'appeler provisoire, durent se croire définitivement inscrits. Mais l'avis du 6 juillet n'était qu'un piége tendu à leur loyauté. En effet, le 15 septembre, c'est-à-dire deux semaines seulement avant le jour de la déchéance, M. le préfet publia un dernier avis que nous transcrivons littéralement :

« Messieurs les électeurs qui, par suite de leur in- « scription sur les dernières listes électorales, ont été « portés dans la première partie des listes publiées le « 15 août dernier, en vertu de la loi du 2 mai sur l'or- « ganisation du jury, et qui, ni dans l'un ni dans l'au- « tre cas, n'ont produit aucun titre à l'appui de leur « inscription, sont invités à justifier de leurs droits « avant le 1er octobre prochain, s'ils ne veulent encou- « rir leur radiation de la liste générale du jury. Le pré- « sent avis ne déroge point à celui qui a été publié le « 6 juillet dernier, portant que MM. les électeurs qui « ont justifié de leurs titres lors des élections dudit

« mois de juillet sont dispensés de produire de nou-
« veaux titres. »

Que l'on se figure l'effet que produisit une telle publication. La perfidie qui avait présidé à la rédaction
de l'avertissement du 6 juillet portait l'indignation à
son comble. Mais que faisait l'indignation publique à
la préfecture, où l'on espérait se racheter par cette ma-
nœuvre de la disgrâce ministérielle que l'élection de
M. de Lalot rendait imminente.

Le 1ᵉʳ octobre arriva, et, malgré l'empressement des
électeurs d'Angoulême à solliciter l'envoi des pièces des
autres arrondissements, le ciseau de l'administration
fit de larges coupures à la liste du 15 août; le collège
seul de l'arrondissement de Cognac perdit trente-trois
électeurs.

Le préfet avait-il le droit de retrancher de son pro-
pre mouvement les noms des électeurs portés par lui
sur cette liste? Non; et c'est avec le texte même de la
loi du 2 mai que nous le prouverons.

Cette loi lui imposait l'obligation de former sous sa
responsabilité la liste des jurés.

Entouré de documents qui pouvaient éclairer sa
conscience, M. le préfet n'a dû inscrire que des personnes dont il connaissait la capacité. Si des doutes
s'élevaient à l'égard de quelques individus, et si les
renseignements de l'administration ne suffisaient pas
pour mettre fin à l'incertitude, il devait négliger de
les comprendre jusqu'à ce que des réclamations di-
rectes vinssent compléter sa conviction.

A qui fera-t-on croire que c'est légèrement et sans

réflexion que M. le préfet a composé la liste du 15 août, et qu'il n'a pris aucun soin pour s'assurer si les citoyens inscrits payaient réellement la contribution voulue?

C'est en connaissance de cause que les inscriptions ont été faites, et, après la publication des listes, il n'appartenait plus au fonctionnaire qui, sous sa responsabilité, avait vérifié les droits des citoyens, d'exiger de ceux-ci des justifications surabondantes.

Les listes affichées le 15 août étaient définitives à l'égard du préfet, dont elles étaient l'ouvrage, et qui, pour leur perfection, n'avait manqué ni de temps ni de lumières; elles n'étaient provisoires qu'à l'égard des électeurs, en ce sens qu'ils pouvaient, par leurs réclamations, obtenir qu'elles fussent modifiées ou étendues. Elles n'offraient d'ailleurs qu'une copie exacte de la liste définitive publiée lors de l'élection de M. de Lalot.

Or, comme on l'a déjà dit, tous ceux qui faisaient partie de cette liste définitive avaient justifié de leurs droits : donc l'avertissement du 6 juillet s'appliquait à tous les électeurs maintenus sur cette liste, et particulièrement à ceux dont les noms furent reproduits sur celle du 15 août; donc la distinction tardive contenue dans l'avis du 12 septembre était dérisoire, et ne pouvait autoriser M. le préfet à retrancher des électeurs dont il avait vérifié la capacité une première fois à l'époque où M. de Lalot fut nommé, et une seconde lorsqu'il composa la liste du jury sous sa responsabilité personnelle.

Il est donc évident que les retranchements opérés par M. le préfet sur cette liste sont une contravention formelle aux dispositions de son avis du 6 juillet et à l'esprit de la loi du 2 mai : il s'ensuit que les électeurs éliminés ont été privés arbitrairement d'un droit acquis, et qu'ils seraient fondés à en faire la matière d'une accusation, si la constitution providentielle des fonctionnaires ne rendait pas leur responsabilité illusoire, en plaçant tous leurs actes sous l'égide inconstitutionnelle du conseil d'état.'

La loi du 2 mai prescrivait l'ouverture d'un registre destiné aux réclamations : il fut impossible d'obtenir que cette mesure fût mise à exécution, et M. le préfet resta dépositaire des titres les plus importants, sans vouloir donner de récépissés ; il ne répondit même pas à ceux qui lui signalaient des citoyens ne payant pas le cens électoral.

Les pièces produites par les électeurs qu'on supposait opposés au ministère étaient rejetées sur les prétextes les plus frivoles : nous pourrions citer des faits nombreux, nous nous bornerons aux suivants.

On repoussa la demande d'un sieur Ferrand, pharmacien à Châteauneuf, parce que, sur l'un des certificats produits, on lui avait donné le prénom de *Paul*, et sur l'autre les prénoms de *Jean-Paul;* cependant l'identité était prouvée par la qualité de pharmacien établie sur les deux certificats : on fut sourd à toutes les observations, l'électeur ne fut point porté sur la liste.

De même le nommé *Pierre Ducloux* ne put faire

admettre un certificat où il était désigné sous le nom d'*André* Ducloux, quoiqu'il eût pris la précaution de faire constater par le maire que c'était par erreur qu'on l'avait indiqué sous le nom d'*André,* et qu'il payait réellement la contribution imposée sous ce nom.

C'est ainsi que l'on se préparait aux futures élections. Bientôt les colléges furent convoqués : on sait comment M. Albert, nommé président pour l'arrondissement d'Angoulême, répudia cette faveur périlleuse, et dans quelle perplexité sa détermination plongea M. de Guer.

M. de Lagarde, maire de Larochefoucault, fut investi de la présidence du collége ; mais déjà les symptômes les plus alarmants pour l'autorité se manifestaient de toutes parts ; le nom de Gellibert frappait sans cesse les oreilles du préfet. La cause du ministère était jugée : son candidat, victime sacrifiée par l'opinion, au mois de juillet précédent, allait encore s'offrir en holocauste, heureux de trouver une occasion si belle de mortifier cet esprit de vanité dont les saints même ne sont point exempts, et de puiser dans un second échec une leçon de modestie.

Rien ne pouvait conjurer l'orage. Un grand nombre d'électeurs frauduleux avaient sollicité leur radiation, et l'on voyait une jeunesse pure, énergique et généreuse, se précipiter dans les colléges d'arrondissements, comme l'avant-garde de cette nouvelle population qui doit incessamment les composer en entier. Mais une inspiration subite ranime l'espoir expirant dans l'âme de M. le préfet : il veut rayer M. Gellibert de la liste des éligibles. Le conseil s'assemble; quelque opposition se manifeste; enfin le préfet triomphe, et les contributions de M. Gellibert sont réduites à moins de 1,000 fr.

Quel spectacle offrit M. le préfet de la Charente déchirant au mois d'octobre l'arrêté qu'il avait pris au mois de juin précédent, et qui avait porté à 1,039 fr. les contributions de M. Gellibert! Mais les contradictions, les inconséquences, coûtent peu lorsqu'il s'agit de conserver une place éminente.

La décision du préfet n'était pas seulement une inconséquence, c'était encore une violation manifeste de la loi du 2 mai. L'article 6 de cette loi dit qu'après la clôture des listes nulle rectification ne pourra y être faite, à moins qu'il ne soit survenu quelque changement dans la fortune de l'électeur. Or, depuis son inscription sur la liste du jury, M. Gellibert n'avait perdu aucune des propriétés pour lesquelles il était imposé à la somme de 1,039 fr. : donc un arrêté ne pouvait réduire la quotité de cette contribution, définitivement fixée au moment de la clôture des listes.

M. le préfet s'est donc encore une fois donné le plaisir de fouler aux pieds les dispositions de la loi, et sans intérêt pour sa cause, car il devait bien sentir que cet acte arbitraire n'enlèverait pas un suffrage à notre candidat.

Enfin le 17 novembre arrive : le bureau provisoire est renversé, et le lendemain 308 votes indépendants sont acquis à M. Gellibert. Usurpant alors des pouvoirs qui n'appartiennent qu'à la chambre, le préfet veut se constituer seul juge de l'éligibilité : il prescrit, en conséquence, au président du collége de se refuser à proclamer tout candidat qui ne serait pas porté sur la liste des éligibles.

M. de Lagarde, improvisé président par le préfet de la Charente, n'avait pas eu le loisir de mesurer l'importance des fonctions dont il était momentanément revêtu. Habitué à obéir comme maire, il ne concevait pas que, placé tout à coup à la tête de l'élite des citoyens, il devait donner des ordres, et non en recevoir; que l'autorité du préfet expirait à la porte du collége, et que la prétention de ce fonctionnaire de dicter des lois au bureau définitif aurait été odieuse, si elle n'eût été impuissante et ridicule. Aussi, dès que M. de Lagarde eut annoncé qu'il ne proclamerait pas M. Gellibert, de vives réclamations partirent de tous les points de la salle; et ce ne fut qu'après un débat opiniâtre que, cédant enfin à l'empire de la raison, M. le président fit connaître le résultat du scrutin.

Le 24 novembre vint consoler M. de Guer des défaites du 18 : le général Dupont fut nommé à une majorité de 4 voix. Imitant la belle conduite de M. Gellibert au mois de juillet dernier, M. Auguste Martel fit à M. de Lalot le sacrifice des 102 voix qu'il avait obtenues; et pour la seconde fois les électeurs de ce département replacèrent à la chambre cet antagoniste du ministère.

Mais l'élection de M. Dupont à la simple majorité de quatre suffrages est-elle régulière ? On recueille dans ce moment des renseignements qui peuvent jeter

quelque lumière sur les doutes élevés contre la capacité
de huit votants. Nous avons entre les mains les pièces
prouvant que l'un d'eux ne paie pas le cens; et à raison des difficultés qu'on éprouve soit de la part des
percepteurs, soit des autres fonctionnaires dépositaires
des rôles de la contribution, on doit regarder comme
une bonne fortune d'avoir pu se procurer de tels titres.
Ils seront envoyés à la chambre, qui prendra des mesures pour s'assurer si les sept autres personnes dési-
gnées par la notoriété publique sont effectivement
frappées d'incapacité. L'intrusion de huit électeurs
vicie radicalement l'élection du général Dupont: la
chambre en décidera ; elle a tous les moyens d'éclairer
sa religion sur les faits qui lui sont dénoncés.

Ainsi dans le département de la Charente l'autorité
s'est efforcée d'entraver les droits politiques des citoyens. Pour y parvenir, elle a méprisé les dispositions
protectrices de la loi du 2 mai, prescrivant l'ouverture
d'un registre pour constater les réclamations ; par de
fallacieux avis, elle a trompé la bonne foi des citoyens
maintenus définitivement sur la liste du mois de juillet, et les a contraints à fournir des titres, après leur
avoir persuadé qu'ils étaient dispensés d'en produire ;
elle a excédé ses pouvoirs en retranchant, le 1er octobre, des personnes inscrites d'office le 15 août, et particulièrement celles dont la capacité avait été reconnue
à l'époque de la première élection de M. de Lalot ; elle
a blessé tous les principes d'équité en refusant, sur les
motifs les plus futiles, les pièces d'un grand nombre d'é-
lecteurs ; elle a commis plus qu'une injustice en lais-

sant voter des personnes notoirement incapables; elle a contrevenu à la loi du jury en opérant après le 30 septembre des rectifications sur la liste, alors que l'électeur dont elle restreignait les contributions n'avait subi aucun changement dans sa fortune; enfin elle a porté le délire de la passion, jusqu'à prescrire au président du collège la violation de ses devoirs, au risque de tous les malheurs qui pouvaient suivre une plus longue résistance aux conseils de la sagesse. Voilà les moyens odieux employés pour obtenir des élections ministérielles. Heureusement qu'ils ont échoué en partie devant la fermeté, le zèle et le patriotisme des Charentais. Puissent-ils recueillir bientôt les fruits de leur admirable conduite, et voir ceux qu'ils ont élus protester contre le mépris des lois affecté par l'administration locale, s'élever contre les abus qui minent nos institutions, et surtout s'unir aux ennemis de ces congrégation senvahissantes, dignes auxiliaires du jésuitisme, qui sème le trouble dans la société et la corruption dans la morale.

www.ingramcontent.com/pod-product-compliance
Lightning Source LLC
Chambersburg PA
CBHW050414210326
41520CB00020B/6600